[illegible] DES AMOURS,

COMÉDIE EN UN ACTE;

Par M. Anicet-Bourgeois,

REPRÉSENTÉE, POUR LA PREMIÈRE FOIS, SUR LE THÉATRE DE L'AMBIGU-COMIQUE, LE 24 MAI 1830.

PRIX : 1 FR. 50 CENT.

PARIS,
CHEZ MALAISIE, ÉDITEUR,
AU CABINET LITTÉRAIRE,
Boulevart Saint-Martin, n° [illegible].

1830.

PERSONNAGES.

PERSONNAGES.	Acteurs.
ALFRED DE VERMONT, ancien Officier. 45 ans.	M. Baron.
AUGUSTE DE VERMONT, son Frère, Homme de Lettres. 25 ans.	M. Davesne.
JEAN ROBERT, Jardinier de M. Alfred.	M. Paul.
Madame veuve DE VERNEUIL, cousine de MM. de Vermont. 19 ans.	Mme Mazurier.
ELODIE, sa Couturière à l'année.	Mlle Éléonore.

La Scène se passe à la maison de campagne d'Alfred.

IMPRIMERIE DE DAVID,
BOULEVART POISSONNIÈRE, N. 6.

LES

SECONDES AMOURS,

COMÉDIE EN UN ACTE.

Le théâtre représente l'entrée de la maison de campagne d'Alfred de Vermont, du côté du jardin. A gauche du spectateur, aux deuxième et troisième plans, une maison d'une élégante construction à laquelle on arrive par un petit perron ; au premier plan, un bosquet. A droite, un petit pavillon en forme de kiosque, des arbustes, etc. Au milieu du théâtre, un parterre de fleurs. Çà et là des vases et des statues.

SCÈNE PREMIERE.

ALFRED, JEAN.

(Au lever du rideau, Alfred, sous le bosquet, lit une lettre; Jean tient une cage à la main, et donne à manger à un serin, en regardant de temps en temps une fenêtre de la maison.)

ALFRED, *lisant.*

«Je serai à Beaumont presqu'aussitôt que ma lettre; je veux cette semaine exterminer ton gibier et faire au moins un chapitre de mon roman. Jean voudra bien tenir prêts mon pavillon de travail et mon fusil de chasse. Tout à toi, Auguste de Vermont.» (*Se levant.*) Ma foi, mon cher frère ne pouvait venir plus à propos... Jean!... J'espère bien cette fois... Jean!...

JEAN.

Monsieur... Est-ce que vous m'appelez?

ALFRED.

Que fais-tu là?

JEAN.

Monsieur, je sers le déjeûner du serin. Petit fils, petit mignon...Il est d'une belle venue... et puis il y a des raisons pour que je le mijotte. (*Il regarde la fenêtre.*)

ALFRED.

Me diras-tu pourquoi tu as sans cesse les yeux fixés sur cette fenêtre?

JEAN.

Laquelle, Monsieur?

ALFRED.

Eh! parbleu, celle-là.

JEAN.

Ous qu'y a c' petit rideau blanc... Dieu! j' l'haï-t-y c'petit rideau là! ..Sans lui, j'verrais...

ALFRED.

Quoi donc?

JEAN, *riant.*

Ah! ah! ah!... ben des choses... que... enfin... T'nez, Monsieur, depuis quelques jours je ne me reconnais plus. Vous savez qu'en ma qualité de frère de lait de M. Auguste, on dit que nous nous ressemblons comme deux gouttes de crême... sous l'rapport du caractère, s'entend... J'étais comme lui inflexible auprès des femmes... enfin, j'étais là... tranquille comme une souche, sans penser à... vous m'entendez ben.

ALFRED.

Ensuite?

JEAN, *soupirant.*

Ah! voilà... C'est précisément l'ensuite qu'est terrible. Depuis que Madame de Verneuil, vot' cousine, qu'est si jolie et qu'est veuve, est venue habiter ce grand pavillon là... j'ris plus... j'mange plus... j'dors plus... Enfin, j'suis bête... bête comme... (*montrant la cage*) comme Coco, quand il est amoureux.

ALFRED, *riant.*

Comment, imbécile, tu serais amoureux de Madame de Verneuil?

JEAN.

Ah! ben, par exemple!... y n'manquerait plus que çà... Non... c'est de la petite grosse...

ALFRED.

Qu'est-ce que c'est?...

JEAN.

Vous savez ben... c'te jolie boulotte qu'est arrivée avec vot' cousine.. qu'a des yeux comme des étincelles, et un petit nez retroussé... Dieu! qu'elle est séductrice, c'te boulotte là!

ALFRED.

Ah! tu veux parler d'Elodie! l'ouvrière à l'année de Madame de Verneuil, et qui ne la quitte jamais.

JEAN.

Oui, monsieur, c'est elle qui m'empêche de dormir et à qui que je rêve tout éveillé.

ALFRED.

Comment, cela te rend triste?

JEAN.

Parbleu! certainement; j'naimons que pour le bon motif nous autres... et vous savez ben que ma mère, qu'a nourri M. Auguste, n'veut pas que j'me marie avant lui, parce qu'étant nés le même jour, ayant été élevés ensemble, nous n'devons nous marier qu'en même temps.

ALFRED.

En effet, je me rappelle...

JEAN.

J'vous demande un peu si c'est juste ça?... Parce que nous avons eu le même lait, c'est pas une raison pour que nous ayons le même cœur. J'y pensais pas d'abord; mais à présent, not' maître, je sens que je suis sentimental... Je suis coiffé pour le mariage... C'est fini, et je me périrai s'il faut que je reste garçon toute ma vie... C'est si gentil une femme! Dieu! une femme!!!

ALFRED.

Allons, voyons, calme ton ardeur, et écoute-moi.

JEAN.

Me v'là calmé.

ALFRED.

Tu sais que mon frère ne veut pas se marier.

JEAN.

Je vous demande un peu où il a été chercher c'tte idée-là?

ALFRED.

Écoute-moi donc. J'ai résolu de le contraindre à renoncer à son absurde projet de célibat, et le hasard m'a servi merveilleusement en amenant ici Mad. de Verneuil. Elle est veuve, mais elle est charmante, et n'a que dix-neuf ans; j'espère qu'Auguste ne pourra résister aux grâces de son esprit et de sa personne. Quant à ma chère cousine, quoiqu'elle ait juré sur la tombe de son premier mari de n'en jamais prendre un second...

JEAN.

Nous la séduirons... J'veux dire, M. Auguste, la... Avec çà que Mademoiselle Élodie m'a déjà fait bien des questions sur le compte de M. votre frère.

ALFRED.

De la part de sa maîtresse, sans doute.

JEAN.

On me demandait s'il était ci.... s'il était ça.... Moi, j'ai répondu tout d' suite qu'il était ça, ça et ça ; vous comprenez que ça a dû joliment avancer les affaires.

ALFRED.

Oh! tu es un orateur excellent... Mais voici l'heure où nos Parisiennes se lèvent et viennent prendre l'air dans ce jardin; tâche de parler à Élodie, et de lui glisser adroitement la nouvelle de l'arrivée d'Auguste. Viens me raconter tout ce que Madame de Verneuil dira devant toi de mon frère... Songe que ton mariage dépend de la réussite de mon projet... Moi, je cours faire un peu de toilette pour me présenter à mon élégante cousine. (*A part.*) Ah! M. le misanthrope, je donnerais cinquante louis pour voir le jour de vos noces.

SCENE II.

JEAN.

Et moi donc! j' donnerais... Mais y n' s'agit pas d' ça; v'là le patron parti... pour le moment, c'est l'essentiel. J'aurais jamais osé faire devant lui ma galantise de tous les matins à Mademoiselle Elodie... (*Il va cueillir une rose.*) Faut que je tâche de lui dire queuque chose d'aimable aujourd'hui.... Si je lui chantais la romance que le clerc du notaire a faite pour l'huissière, et qui a servi à l'épicière?... Oh! non! l'air est trop difficile.... Je lui en ai fait, moi, des couplets.... mais j'ose pas les chanter... Ah! bath! elle dort; elle ne m'entendra pas... J' vas risquer ma composition.

AIR :

J'ai devancé l'aurore,
La lune et le soleil } BIS.
Vermeil,
Pour vous dire : Je t'adore
Jusques dans mon sommeil.
Ah! ah! Élodie,
Tu es sans pareille.

En voilà un de passé.... J' vas lancer le deuxième.

Accepte cette rose,
Elle sent le muguet } BIS.
Tout frais.
Elle est demi éclose,

Et c'est tout ton portrait.
Ah ! ah ! Elodie,
Tu es mon objet (1).

Ah ! mon Dieu, je crois qu'elle m'a entendu... Elle ouvre sa f'nêtre... Ah ! v'là mes jambes qui tremblent comme avant z'hier...

SCÈNE III.

JEAN, ÉLODIE.

ÉLODIE, *à sa fenêtre.*

Voyons si mon petit Némorin est encore à son poste.

JEAN.

C'est étonnant l'effet qu'ça m'fait.

ÉLODIE.

Oui, vraiment le voilà... une rose à la main. (*Haut.*) Bonjour, M. Jean.

JEAN.

Vot' serviteur, Mademoiselle. (*A part.*) Mes genoux ne sont plus que du coton.

ÉLODIE.

Y a-t-il long-temps que vous êtes là ?

JEAN.

Oh ! non, Mademoiselle; une heure et demie tout au plus.

ÉLODIE.

Le pauvre garçon !... Attendez... je descends.

JEAN.

Elle descend... Allons, v'là mon cœur qui bat la générale. Qu' c'est bête d'êt' sensible comme ça des pieds jusqu'à la tête...

ÉLODIE, *entrant.*

Me voilà... Ah ! vous ne m'avez pas oubliée. (*Elle prend la rose.*) C'est charmant; mais vous avez dû bien vous ennuyer là tout seul ?

JEAN.

Oh ! oh ! non, Mademoiselle; je m'amusais à sentir vot' portrait.

ÉLODIE, *souriant.*

Ah !

JEAN, *à part.*

J' m'aurais jamais cru capable de trouver ça.

---

(1) NOTA. Ces couplets sont de M. Paul, qui a créé le rôle de jean avec la plus piquante originalité.

ÉLODIE, *attachant sa rose.*

Ce pauvre Jean... je crois qu'il m'aime sérieusement... J'ai toujours fait des passions terribles.

JEAN, *à part, la regardant.*

Est-elle gentille!... Et dire que ça dépend d'un autre que je sois...

ÉLODIE, *à part.*

Eh bien!... que fait-il donc là? (*Haut.*) A quoi pensez-vous, M. Jean?... (*A part.*) A moi, sans doute.

JEAN.

A ma nourrice, mademoiselle.

ÉLODIE.

Heim!

JEAN.

La chère femme a peut-être fait mon malheur sans s'en douter.

ÉLODIE.

Eh! bon Dieu! comment cela?

JEAN, *à part.*

Qu' c'est dur d'être obligé de dire ces choses-là... (*Haut.*) Figurez-vous, Mademoiselle... vous n'pourrez pas m'croire... figurez-vous qu' j'peux pas me marier tout seul.

ÉLODIE, *riant.*

D'ordinaire, il faut deux personnes.

JEAN.

J' sais ben... Mais il faut que j' sois trois.

ÉLODIE.

Comment!

JEAN.

Y faut que j' restions garçon tant qu'il ne plaira pas à M. Auguste de dire *oui* devant M. le maire.

ÉLODIE.

Voilà qui est plaisant!

JEAN.

Plaisant.... pas trop.... surtout quand on a un cœur qui commence à sentir que sans vous... c'est-à-dire, sans une femme, on ne peut pas... parce qu'enfin... (*A part.*) V'là que je m'embrouille...

ÉLODIE.

C'est égal, je comprends... Vous m'avez déjà dit hier que ce M. Auguste ne nous aimait pas beaucoup, nous autres pauvres femmes.

JEAN.

Ah! c'est à dire qu'il ne peut pas vous voir.... Dites donc, y parait qu'on lui a fait des traits?

ÉLODIE.

Comment! c'est pour si peu de chose!

JEAN.

Écoutez donc..... faut croire qu'ils étaient durs, car il n'a pas encore pu les digérer.

ÉLODIE.

Chut! voici madame.

SCENE IV.

LES MÊMES, MADAME DE VERNEUIL, *(elle entre en lisant)*.

MADAME DE VERNEUIL.

Bonjour, Élodie! (*Elle fait un signe de tête à Jean.*)

JEAN.

Madame, j'ai ben l'honneur....

ÉLODIE.

Comme vous êtes matinale.

MADAME DE VERNEUIL, *en souriant.*

Mais pas autant que toi. D'ailleurs, je suis l'ordonnance de mon médecin, et la matinée était si belle.... (*Elle va s'asseoir en lisant dans le bosquet*). Quelle heure est-il?

JEAN.

Sept heures à l'église, madame.

MADAME DE VERNEUIL.

Le frère de votre maître, M. Auguste, n'est point arrivé?

JEAN.

Non, madame.... mais y n'tardera pas.

ÉLODIE.

Si ce qu'on dit de ce jeune homme est vrai, madame ne doit guères désirer sa présence.

MADAME DE VERNEUIL.

Au contraire.... je suis curieuse de le voir, et surtout de l'entendre.... Un misanthrope de vingt-cinq ans.... cela doit être plaisant!

ÉLODIE.

Ah! si j'avais le rang, l'âge, et surtout la beauté de madame.

MADAME DE VERNEUIL, *fermant son livre.*

Que ferais-tu?

ÉLODIE.

Je me ferais aimer.... pour avoir ensuite le plaisir de venger tout mon sexe en désespérant celui....

MADAME DE VERNEUIL.

Laissons cela..... (*A Jean.*) Mon ami, voulez-vous bien

reporter ce volume dans la bibliothèque de votre maître et me donner la suite.

JEAN, *regardant le volume de tous les côtés.*

Dites donc Mademoiselle Élodie.... après le n° 2, c'est le n° 3 qu'est la suite?

ÉLODIE

Sans doute.

JEAN.

J'ai peur de m'embrouiller..... Si madame voulait, j'lui apporterais quelque chose de plus curieux.

MADAME DE VERNEUIL, *se levant.*

Quoi donc?

JEAN.

C'est un cahier que M. Auguste appelle son roman, et qu'il a laissé sur son bureau à son dernier voyage..... Ça sera plus nouveau que c'te suite.

MADAME DE VERNEUIL.

Cela serait une indiscrétion.

ÉLODIE.

Comment, madame? lire aujourd'hui ce qui sera peut-être imprimé dans un mois.

MADAME DE VERNEUIL.

Un roman manuscrit de cet ennemi des femmes, cela doit être curieux!

ÉLODIE, *bas à Jean.*

Apportez-le vîte à Madame... Je crois vraiment que déjà elle s'intéresse à l'auteur... Dépêchez-vous, mon petit Jean.

JEAN.

Ah! elle a dit : Mon petit Jean!... Dieu! si je pouvais me marier tout seul!

(Il entre dans le petit pavillon.)

SCENE V.

MADAME DE VERNEUIL, ÉLODIE.

MADAME DE VERNEUIL.

Que te disait donc ce jeune homme quand je suis arrivée?

ÉLODIE.

Il se désolait, Madame, de l'insensibilité de son maître.

MAD. DE VERNEUIL.

Oui,... mon cousin Alfred m'a mise au fait... Mais il me semble qu'il n'est pas le seul que cet obstacle chagrine.

ÉLODIE.

Ah! Madame, ce garçon est si doux, si simple.... Je l'écoute, je m'amuse de la naïveté de ses déclarations... Je crois qu'il m'aime sincèrement.

MADAME DE VERNEUIL.

Et toi?

ÉLODIE.

En vérité, Madame, je ne sais que vous répondre... Depuis que j'ai vu le *Mariage de Raison*, au Gymnase, Madame Pinchon ne me sort pas de la tête.... Je crois qu'avec M. Jean, je jouerais ce rôle au naturel... Et vous conviendrez qu'il est fort agréable...

MADAME DE VERNEUIL, *riant.*

Mais M. Auguste est là.

ÉLODIE.

Ah! si Madame voulait...

JEAN, *entrant avec le manuscrit.*

V'là les pattes de mouches...

ÉLODIE.

Et M. Alfred, qui vous cherche sans doute, Madame...

MADAME DE VERNEUIL, *à Elodie.*

Tu porteras ce manuscrit dans mon appartement.

ÉLODIE.

Oui, Madame. (*Bas à Jean.*) Ah! si l'esprit de l'auteur pouvait la toucher...

JEAN, *bas à Elodie.*

Y a pas assez d'écriture, y a que trois pages.

ÉLODIE.

Ne quittez pas le jardin; je viendrai vous dire l'effet qu'aura produit la lecture.

(Elle rentre dans la maison.)

SCÈNE VI.

LES MÊMES, ALFRED.

ALFRED, *bas à Jean.*

Va te mettre à la grille, et tu m'avertiras aussitôt qu'Auguste paraîtra.

JEAN.

Oui, Monsieur.

(Il sort.)

ALFRED.

Bonjour, ma charmante cousine.... En vérité, je vous trouve chaque matin plus fraîche et plus jolie que la veille...

Décidément, votre médecin est un habile homme... Et puisque la campagne vous est si favorable, j'espère que vous y prolongerez votre séjour.

MADAME DE VERNEUIL.

Mon cher cousin, le plaisir de me rendre à votre invitation tant de fois renouvelée, m'a décidée bien plus que les conseils de mon docteur à venir habiter, pour quelque temps, votre maison de campagne. Veuve et sans famille, je n'ai plus que des amis, et vous êtes le meilleur et le plus ancien.

ALFRED.

Oui, sans doute; je vous avais vu naître, et à mon retour de l'armée je voulus assister à votre mariage, lorsque la mort vous enleva votre époux. J'ai fait plus qu'approuver votre douleur, je l'ai partagée... Mais, depuis cette époque, deux ans se sont écoulés; vous n'en avez que dix-neuf, et à cet âge on ne peut se séparer du monde.

MADAME DE VERNEUIL.

J'ai promis de rester veuve, et...

ALFRED.

Et vous êtes trop jolie pour tenir un pareil serment. Je vous préviens que je m'opposerai de tout mon pouvoir....

MADAME DE VERNEUIL.

Mon ami, j'ai toujours entendu dire qu'un bon mari était chose rare en ce monde... J'avais uni mon sort à celui d'un galant homme qui me chérissait autant que je l'aimais... Je fus heureuse... hélas! trop peu de temps... et je ne puis espérer que le ciel me réserve un second M. de Verneuil.

ALFRED.

Ne méritez-vous pas qu'il fasse un miracle en votre faveur!

(Jean arrive en courant.)

JEAN.

Monsieur! Monsieur! V'là Monsieur Auguste qui entre dans la cour.

ALFRED.

Mon frère... Enfin, Madame, je pourrai donc vous présenter cet ami d'enfance, que cinq années de séparation ont dû vous faire oublier.

MADAME DE VERNEUIL.

Oublier!! Ah mon cher cousin, la mémoire du cœur est plus fidèle.

SCENE VII.

LES MÊMES, AUGUSTE.

ALFRED.

Mais arrive don , mon cher; je t'attendais avec une impatience !...

AUGUSTE, *donnant sa cravache et son chapeau à Jean, et ne voyant pas d'abord madame de Verneuil.*

Ma foi, mon cher Alfred... j'étais hier soir d'un grand souper, chez Lointier, qui n'a fini qu'au lever du soleil.

ALFRED, *lui montrant madame de Verneuil.*

Chut !

ALFRED, *saluant.*

Ah ! pardon Madame... je n'avais pas eu l'honneur...

ALFRED.

Tu ne reconnais pas Madame de Verneuil, notre cousine ?

AUGUSTE.

Veuillez Madame agréer...

ALFRED.

Une ordonnance de médecin que je bénis tous les jours a engagé Madame à prendre, pour quelque temps, possession de mon pavillon du jardin. Cette preuve d'amitié m'a touché sensiblement.

MADAME DE VERNEUIL.

Ne vous devais-je pas bien cette préférence ? Vous avez sans doute à causer, Messieurs... je me retire... Je dois d'ailleurs songer à ma toilette... même à la campagne, un pareil négligé n'est pas supportable.

ALFRED.

Madame, vous n'avez pas de temps à perdre... nous déjeûnons dans deux heures.

MADAME DE VERNEUIL.

Oh ! je ne me ferai pas attendre... Messieurs, je vous salue.

(Elle rentre dans le pavillon.)

JEAN, *à part.*

Ah ! si j'étais à la place de M. Auguste, comme je ferais deux mariages tout de suite !

ALFRED.

Laisse-nous.

JEAN.

Oui, Monsieur. Y va l'sermoner... et moi j'vas déjeûner.

SCÈNE VIII.

AUGUSTE, ALFRED.

AUGUSTE.

En vérité, j'avais entièrement oublié cette chère parente.

ALFRED.

Comment la trouves-tu ?

AUGUSTE.

Pal mal.

ALFRED.

L'éloge est assez mince... Je la trouve, moi, ravissante.

AUGUSTE.

Libre à toi... Mais parlons d'autre chose... Le gibier donne-t-il cette année? Jean a-t-il préparé mon fusil... Je me sens aujourd'hui les meilleures dispositions....

ALFRED.

Tu ne partiras, j'espère, qu'après déjeûner.

AUGUSTE.

Je sors de table.

ALFRED.

Allons... tu ne peux te dispenser d'y paraître... Je veux d'ailleurs que tu causes avec Madame de Verneuil. Tu verras combien elle a d'esprit et de charme dans la conversation.

AUGUSTE.

Je n'en doute nullement ; mais je suis venu pour chasser, tu lui présenteras mes excuses.

ALFRED.

Auguste, tu me désobligerais d'en agir ainsi... Ce n'est pas sans intention que je t'engage à rester.

AUGUSTE.

Ah ! je te vois venir... encore un projet de mariage.

AFRED.

Ma foi! un militaire sait mal jouer au plus fin; tu m'as deviné. Voyons, mon cher Auguste, écoute moi sérieusement. Soldat depuis l'âge de quinze ans, la pensée d'un mariage ne dut jamais s'offrir à mon esprit, et je sens aujourd'hui qu'il manque quelque chose à ma félicité...

AUGUSTE.

Quoi donc ?

ALFRED.

Des fils auxquels je puisse transmetre ma fortune et mon nom. Mon âge, et plus encore mes campagnes, me forcent à renoncer à l'espoir d'être père. Pourquoi me refuses-tu la satisfaction d'avoir au moins une demi-douzaine de petits neveux que je chérirais comme mes enfans, et dont les jeux et les caresses feraient le bonheur de mes vieux jours?

AUGUSTE.

Mon cher Alfred, traite de folie si tu veux mon éloignement pour le mariage, mais il est insurmontable.

ALFRED.

Mais à ton âge sait-on seulement. ..

AUGUSTE.

Ah! mon ami! j'ai déjà tant d'expérience! Jeune, et dans l'âge des illusions, j'ai payé mon tribut à ce sentiment que chacun éprouve une fois... J'aimais avec passion... et je fus trahi.

ALFRED.

Tu n'étais pas payé de retour?

AUGUSTE.

On m'adorait, au contraire...Je crus avoir des preuves irrécusables, et une seule femme m'avait reconcilié avec toutes les autres... Mais tout-à-coup une querelle s'élève entre nous... j'ose avoir des soupçons... dès ce moment je ne suis plus qu'un tyran... un despote... et l'on me donne mon congé.

ALFRED.

Cette femme n'était qu'une coquette, une....

AUGUSTE, *en riant.*

Arrête!... elle est morte dans mon cœur... respectons sa mémoire.

ALFRED.

Mais enfin, cela ne prouve pas que Madame de Verneuil..

AUGUSTE.

Je veux bien la croire parfaite... mais je n'en tenterai pas l'épreuve... J'ai pris mon parti... je ne me laisserai guider désormais que par cet attrait, ce désir involontaire qui nous entraîne vers un sexe charmant, qui mérite nos hommages, mais qui n'aura plus mon amour..... N'ayant pu trouver le bonheur... je poursuivrai le plaisir, et je l'atteindrai peut-être en voltigeant comme lui.

ALFRED.

Ah! si comme toi je n'avais que vingt-cinq ans!

AUGUSTE.

Parbleu, à quarante-cinq, on peut faire encore un excellent mari, et puisque tu as la monomanie du mariage, que ne fais-tu ta cour à cette aimable veuve?

ALFRED.

Y penses-tu?... J'ai perdu l'habitude... je n'ai plus cette légèreté, ce ton de galanterie, qui plaisent aux femmes... Sans cela, je te donnerais des neveux, ne fût-ce que pour me venger.

AUGUSTE.

Eh bien! écoute : je vais te proposer un moyen qui peut nous mettre d'accord. Je me chargerai, si tu veux, des premières démarches... Je lis dans tes yeux que Madame de Verneuil te plairait autant pour femme que pour belle-sœur.... je lui peindrai ton amour.... Oh! je serai bien tendre, bien éloquent... en plaidant ta cause, j'aurai bien plus d'assurance que s'il s'agissait de gagner la mienne... Tu auras des enfans; moi, j'en ferai des petits philosophes... Voyons, dis un mot : je parle dès aujourd'hui à Madame de Verneuil; j'emporte son consentement, tu tombes à ses genoux, et moi, les mains étendues vers le ciel, je bénirai votre union..... Le tableau sera superbe. Qu'en dis-tu ?

ALFRED.

Tu n'es qu'un fou. . . et tu mériterais bien. . . Ecoute, Auguste, voilà mon *ultimatum* : Tu resteras toute la journée avec Madame de Verneuil ; tu lui parleras de toi, de moi... comme tu voudras... Mais songe que si une fois je me mets dans la tête de l'épouser, je l'épouserai.

AUGUSTE.

Mais je te le conseille depuis une heure.

ALFRED.

Eh! va-t-en au diable avec ton sang-froid!... (*A part.*) Si jamais je fais ce mariage-là, il n'y aura plus rien d'impossible sous le ciel. (*Haut.*) Je vais m'occuper du déjeûner; n'y manque pas au moins, ou je croirais que tu as peur de succomber.

AUGUSTE.

« A vaincre sans péril, on triomphe sans gloire »... J'irai.

ALFRED.

Ah! quelle tête! quelle tête!

(Il sort.)

SCÈNE IX.

AUGUSTE, puis JEAN.

AUGUSTE, *riant.*

Ah! ah! mon pauvre frère deviendra fou avec ses projets de mariage.

JEAN, *entrant en mangeant.*

Qu'est-ce qui parle de mariage ?

AUGUSTE.

Ah ! te voilà, Jean.

JEAN.

Oui, monsieur,... c'est moi qui... (*A part.*) Si l' sermon l'avait converti !

AUGUSTE.

Tu tiendras mon fusil prêt..... Tout-à-l'heure j'irai en plaine.

JEAN.

Comment, monsieur,... vous ne restez pas ici ?...

AUGUSTE.

Non.

JEAN, *à part.*

Ah ! mon Dieu !... y n'a pas l'air enflammé du tout. (*Haut.*) Ma foi, monsieur, à votre place, j'aimerais mieux tenir compagnie à une jolie femme, que d'aller tuer d'pauvr' lapins qui.. J'aime les lapins, moi.... ça me fait de la peine pour eux.

AUGUSTE.

Ah ! ça, tu es donc aussi du complot ?..

JEAN.

Eh bien ! oui là, j'en suis... C'est y pas une horreur... à votr' âge... d'être comme un glaçon auprès d'une figure qui... enfin... Ah ! (*A part et avalant de travers.*) Çà m'étouffe...

AUGUSTE.

Il paraît que Madame de Verneuil t'a séduit aussi ?

JEAN.

Ah ! monsieur, depuis quelque temps, je suis dans un état extraordinaire, et si vous ne vous échauffez pas un peu, je suis un homme desséché, c'est sûr.

AUGUSTE.

Allons, voyons, ne te désole pas... Je la trouve fort bien aussi, moi, Madame de Verneuil, et je vais la demander en mariage.

JEAN.

Heim !.. quoi !... vraiment... c'est-il possible... ah !...

AUGUSTE.

Oui,.. pour mon frère...

JEAN, *à part, tombant sur le banc, et laissant tomber son pain.*

Ah ! quel coup ça m'a donné là.

AUGUSTE.

Qu'as-tu donc ?

JEAN.

Une faiblesse... oh ! c'est une faiblesse, v'là tout... J' suis sûr que j' suis pâle comme une tulipe jaune... Ça m'a coupé l'appétit... net. Moi, qui croyais me marier.

AUGUSTE.

Comment! toi aussi... Ah! ça, mais c'est donc une épidémie dans cette maison!..

JEAN.

Vous venez de divorcer avant que... Ah! mon Dieu que ça fait mal!

AUGUSTE, *riant.*

Ah! ah! ah! mon pauvre garçon, si tu savais comme moi ce qu'il en coûte!

JEAN.

Ecoutez donc, monsieur, vous en avez peut-être une indigestion; mais, moi, je suis encore à jeun.

AUGUSTE.

Tu me remercieras plus tard de t'avoir empêché de faire une sottise. En attendant, viens m'aider à tout ranger dans ce pavillon : je m'y établirai pour toute cette semaine.

JEAN, *ramassant son pain.*

Alors y a encore de l'espoir..... je peux finir mon morceau.

AUGUSTE.

Allons, viens...

(Il entre dans le pavillon.)

JEAN, *le suivant en mangeant.*

Monsieur, vous avez beau dire, une femme vaut mieux que....

(Il entre aussi.)

SCÈNE X.

ÉLODIE, MADAME DE VERNEUIL.

ÉLODIE.

En vérité, madame, vous avez été ce matin d'une promptitude à votre toilette.

MADAME DE VERNEUIL.

Je craignais de me faire attendre.... Mais ne me manque-t-il rien?

ÉLODIE.

Non, madame.... Ce chapeau surtout vous sied à ravir... Ces fleurs, ce ruban placé négligemment.... tout cela vous rend jolie comme un ange.

MADAME DE VERNEUIL.

Tu crois?... J'ai bien peur pourtant que, depuis un mois

que nous sommes ici, tout cela ne soit déjà du siècle dernier.

ÉLODIE.

En vérité, madame, depuis notre arrivée, voilà la première fois que vous vous occupez autant de votre parure..... Oh! M. Auguste, prenez garde à vous!

MADAME DE VERNEUIL.

Élodie, je me fâcherai...... Ce jeune homme arrive de Paris, et par amour-propre, je ne veux pas....

ÉLODIE.

C'est cela, madame; par amour-propre vous allez briller à ses yeux, vous allez prendre avec lui ce langage séduisant qu'une jolie femme sait si bien employer; enfin, par amour propre, vous allez vous faire adorer.... Mais c'est tout naturel.

MADAME DE VERNEUIL.

Encore une fois, tu te trompes: Auguste est mon cousin, nous avons été élevés ensemble. j'ai toujours eu pour lui beaucoup d'affection, et je ne veux lui donner que des conseils d'amitié.

ÉLODIE.

De l'amitié... c'est toujours par ce mot là qu'on commence... Enfin, madame, vous ne pouvez nier que ce jeune homme vous intéresse...

MADAME DE VERNEUIL.

Je vois avec peine, j'en conviens, un de mes parens devenir par sa faute un objet de critique et de plaisanterie... et par amitié... oui, mademoiselle, par amitié, je veux le corriger de son travers; je veux le rendre au monde, à la société. Quand il y reparaîtra, quand chacun vantera comme autrefois la grâce de son esprit et la sensibilité de son cœur... eh bien, je dirai c'est mon ouvrage... Où voyez-vous de l'amour dans tout cela?...

AUGUSTE, *sortant du pavillon.*

C'est bien; maintenant, va me chercher mon fusil.

JEAN, *s'arrêtant.*

Ah! v'là mon objet!

AUGUSTE.

Madame de Verneuil!... Le moment est favorable pour lui parler d'Alfred... (*S'avançant vers madame de Verneuil*). Vous vous rendez sans doute au déjeuner, madame; mais la cloche n'a point encore retenti. L'air est si pur ce matin que j'ose prendre la liberté de vous engager à le respirer encore avant de vous enfermer dans un salon.

(Elodie fait un signe à Jean: tous deux remontent la scène

ÉLODIE.

Allez-vous-en ! ne les gênons pas...

(Elle rentre en courant dans le pavillon, et Jean s'en va en faisant de grandes enjambées.)

MADAME DE VERNEUIL.

Est-ce une ordonnance de médecin que ?...

AUGUSTE.

Non, madame, c'est une prière d'ami... Séparé de vous depuis fort long-temps, votre vue a réveillé les souvenirs si doux de l'enfance, et le titre dont j'ose me prévaloir est venu facilement se placer sur mes lèvres; car il était gravé dans mon cœur.

MADAME DE VERNEUIL, *à part.*

Il est toujours aimable. (*Haut*). Ce passé dont vous invoquez le souvenir ne s'était pas non plus effacé de ma mémoire. Trompé, m'a-t-on dit, dans un premier amour, vous nous avez juré une implacable haine... je n'ai pu le croire... On vous a calomnié... n'est-il pas vrai, mon cher cousin ?

AUGUSTE, *à part.*

Cette femme là parle comme un ange.

MADAME DE VERNEUIL.

Eh bien... n'osez-vous donc avouer que vous nous avez mal jugées ?

AUGUSTE.

Hélas ! ma chère cousine, la main d'une femme a fait tomber ce bandeau des illusions que, pour mon bonheur, j'aurais voulu toujours conserver... Vous me prouvez qu'il existe encore des exceptions... mais votre présence n'excite en moi que d'amers regrets : car, vous le savez, on n'aime vraiment qu'une fois.

MADAME DE VERNEUIL.

On n'aime qu'une fois.... oui.... je le pensais.... Mais sommes-nous bien sûrs d'avoir raison ? Tenez, dernièrement encore, l'une de mes meilleures amies, qu'un second mariage a rendu la plus heureuse des femmes, me disait : Eh ! quoi, ma chère Hortense, parce que le bonheur une fois nous a souri, y devons nous renoncer à jamais ?.... ou bien... et ceci vous regarde, mon cousin... ou bien, parce qu'on aura été trahi dans ses premières affections, faudra-il fermer son cœur à ce sentiment si doux à ressentir et si doux à inspirer ?

AUGUSTE, *à part.*

Elle est charmante, en vérité... mais très dangereuse... Il est temps que je parle de mon frère...

MADAME DE VERNEUIL.

Eh bien, mon amie a-t-elle tort?

AUGUSTE.

Non pas, certes, en ce qui vous regarde. Veuve à dix-neuf ans, riche des dons de la nature et de la fortune, vous me donneriez un bel exemple à suivre en vous rendant aux sages conseils de votre amie. Déjà, sans doute, bien des hommages ont dû vous être offerts. Permettez-moi d'en joindre un à tous ceux qu'on a déposés à vos genoux : une fortune assez belle, un nom, un rang honorable, voilà ce que met à vos pieds le timide adorateur qu'un mot de votre bouche peut rendre le plus heureux des hommes.

MADAME DE VERNEUIL.

De qui parlez-vous donc?

AUGUSTE, *à part.*

Je ne sais pourquoi, il me coûte de nommer....

MADAME DE VERNEUIL, *à part.*

Il hésite... est-ce que déjà?... (*Haut*). Eh bien, monsieur?

AUGUSTE.

Il ose à peine se faire connaître.

MADAME DE VERNEUIL, *à part*

Il m'impatiente. (*Haut*). Achevez.

AUGUSTE.

Eh bien, c'est...

MADAME DE VERNEUIL.

C'est?..

AUGUSTE, *avec effort.*

Mon frère!

MADAME DE VERNEUIL.

Votre... (*A part.*) Il me semble que j'attendais un autre nom.

SCÈNE XI.

LES MÊMES, JEAN.

JEAN, *accourant*

Monsieur Auguste!... monsieur...

AUGUSTE, *à part*

Ah! pourquoi n'est-il pas venu plus tôt?

JEAN.

Vous pouvez partir pour la chasse.

MADAME DE VERNEUIL.

La chasse !

JEAN.

Voilà vot' fusil... Je me suis usé les mains à le frotter; aussi j'dis qu'il est clair comme le soleil quand y a pas d'nuages.

AUGUSTE, *embarrassé.*

Madame... que répondrai-je à mon frère?

MADAME DE VERNEUIL.

Je ne sais... je ne m'attendais pas... Du reste, Monsieur, je ne veux pas que ma présence ici entrave le moins du monde le cours de vos plaisirs... Je vous laisse... (*A part.*) Rentrons bien vite..... car en vérité ma surprise est presque de la colère.

(Elle rentre.)

SCÈNE XII.

AUGUSTE, JEAN.

(Auguste regarde sortir madame de Verneuil et reste immobile à sa place.)

JEAN, *lui présentant son fusil.*

Monsieur...

AUGUSTE, *sans l'entendre.*

Vraiment, je ne comprends rien à ce que j'éprouve... on dirait presque...

JEAN, *même jeu.*

Monsieur...

AUGUSTE, *même jeu.*

Allons donc! et ma résolution, et mon serment!..

JEAN, *même jeu.*

Monsieur... c'est lourd.

AUGUSTE.

Eh! va-t-en au diable!.. Pourquoi es-tu venu si tard?

JEAN.

Dame! Monsieur, vous étiez en société... Voulez-vous!.. (*Il lui présente encore son fusil.*)

AUGUSTE, *sans le voir.*

Quelle est jolie... J'ai cru voir dans ses yeux que son cœur n'était pas plus tranquille que le mien.

JEAN.

J'en aurai une courbatture, Monsieur.

AUGUSTE.

Mais, laisse-moi donc tranquille!

JEAN.

V'la vot' fusil....

AUGUSTE.

Je n'en veux pas.

JEAN.

Et ben, ĕt vot' chasse?

AUGUSTE.

Je n'irai pas.

JEAN.

Qu'est-ce qu'il a donc?

AUGUSTE.

Je vais travailler.

JEAN.

Ah! mon Dieu! il va chercher son commencement.

AUGUSTE.

Si mon frère venait à présent, il verrait mon trouble..... il se moquerait de moi..... *(Haut)*. Dis que je veux être seul, et veille à ce que personne ne vienne m'interrompre. *(A part.)* Ah! madame de Verneuil, pourquoi ne vous ai-je pas revu plutôt?

(Il rentre dans le petit pavillon.)

SCÈNE XIII.

JEAN, *puis* ALFRED.

JEAN.

Dieu me pardonne, je crois qu'il est aussi dans son état extraordinaire; il ne sait plus ce qu'il dit..... J'vois ce que c'est: madame de Verneuil aura fait plus d'effet que M. Alfred. C'est pas étonnant, une femme...... et puis celle-là a des yeux qui...... Ah! à présent..... je voudrais être Turc. J'en aurais un cent de femmes.... et j'en aurais pas de trop.

ALFRED.

Eh bien!

JEAN.

Ah! vous v'la, monsieur.

ALFRED.

Quelles nouvelles?

JEAN.

Ça va comme un ange; votre frère est d'une humeur de diable, et ne veut plus chasser: c'est déjà fort heureux pour moi et pour vos lapins.

ALFRED.

Vraiment?... J'étais bien sûr qu'il ne pourrait résister à Madame de Verneuil... Ah! Monsieur le philosophe, nous vous tenons... j'aurai des neveux.

JEAN.

Et moi des petits Jeans.

SCÈNE XIV.

LES MÊMES, ELODIE.

ÉLODIE.

Ah! Monsieur Jean, je vous cherchais.

JEAN.

Ah! mon dieu, vous avez l'air toute défrisée.

ALFRED.

Qu'est-il donc arrivé?

JEAN.

Vous pouvez tout dire devant Monsieur, il s'a trempé dans le complot.

ÉLODIE.

En ce cas, Monsieur, j'ai bien peur que tout ne soit manqué.

ALFRED.

Ciel!

JEAN.

Dieu de dieu!

ÉLODIE.

Quand Madame est rentrée, elle était rouge de colère... J'ai voulu lui parler de Monsieur Auguste.... elle m'a fait taire...

JEAN.

V'là ma faiblesse qui me reprend.

ÉLODIE.

J'avais mis adroitement devant elle le premier chapitre du roman de Monsieur votre frère... sans le savoir j'ai jeté de l'huile sur le feu.... C'est une horreur que ce livre là!... Madame a lu tout haut quelques lignes... à sa place, j'en aurais des attaques de nerfs.... Si vous saviez comment il parle des femmes... ah! c'est un homme à brûler...

JEAN.

Et moi à enterrer... c'est fini.

ÉLODIE.

Madame m'a ordonné de tout préparer pour son départ; elle veut quitter cette maison aujourd'hui même.

ALFRED.

Je ne vois dans tout celà que du dépit... et j'espère beaucoup au contraire... Ils s'aiment déjà j'en suis sûr. Mad. de Verneuil ne partira pas... il faut trouver un expédient pour la retenir ici, malgré sa volonté.

JEAN.

Ah! si ce n'est que çà, je le tiens.

ALFRED.

Que feras-tu?

JEAN.

J'vas mettre les chevaux du complot... J'vas les déferrer tous les deux... On enverra chercher le maréchal; heureusement il a une fluxion de poitrine et une courbature... il ne viendra pas.

ALFRED.

A merveille!

ÉLODIE.

Moi, pour vous aider, je ferai les malles le plus doucement possible... J'entends du bruit... c'est Madame.

ALFRED.

Elle revient au jardin... bravo!... ils se rencontreront... et alors... Allez tous deux exécuter votre projet; je reste pour surveiller nos deux jeunes gens et les forcer à manquer à un serment qu'ils ne tiennent déjà plus que par entêtement.

JEAN.

Allons, Mademoiselle Elodie... nous v'là encore remontés un peu, mais si nous retombons encore... j'suis sûr d'n'en pas relever.

ALFRED.

Allez.

(Ils sortent tous trois, mais Alfred comme quelqu'un qui ne s'éloigne que de quelques pas.)

SCÈNE XV.

MADAME DE VERNEUIL, *le manuscrit à la main.*

Comment un homme si aimable a-t-il pu écrire de pareilles extravagances!...

SCÈNE XVI.

MADAME DE VERNEUIL *est assise sous le bosquet et lit;* **AUGUSTE,** *sort du pavillon;* **ALFRED,** *se cache derrière le bosquet.*

AUGUSTE, *sans voir madame de Verneuil.*

En vérité! je ne sais plus ce que je fais... Je voulais continuer mon roman, et c'est à Madame de Verneuil que j'écris.

ALFRED, *paraissant au fond.*

Bon! l'ennemi est en présence.

MADAME DE VERNEUIL, *se levant avec dépit.*

La fin est digne du commencement... Ah! Monsieur Auguste... (*Elle se retourne et l'aperçoit.*) Ah! c'est lui!

AUGUSTE, *même jeu.*

C'est elle!

ALFRED, *qui a gagné le bosquet d'où est sortie Madame de Verneuil.*

L'escarmouche va commencer.

MADAME DE VERNEUIL.

Comment, Monsieur, vous n'êtes pas à la chasse.

AUGUSTE, *avec embarras.*

Non, Madame; en vous quittant, je me suis enfermé pour écrire...

MADAME DE VERNEUIL.

Ah! le second chapitre de votre roman, sans doute.

ALFRED, *à part.*

Je gagerais qu'il n'y a pas pensé.

AUGUSTE.

Quoi! Madame, vous savez?...

MADAME DE VERNEUIL.

Le hasard avait placé ce manuscrit sous mes yeux... en le lisant, j'ai commis une indiscrétion, sans doute, et je vous prie de me la pardonner. Malgré vos sarcasmes, Monsieur, j'estime assez mon sexe pour être certaine qu'une femme n'aurait jamais écrit cela. Veuillez reprendre, Monsieur.....

ALFRED, *à part.*

Voilà le premier feu.

AUGUSTE.

Ah! madame, combien je rougis maintenant de cet écrit, qu'un moment de colère et de dépit m'a seul fait commencer. Si je le reprends de vos mains, c'est pour l'anéantir.

(Il le déchire.)

MADAME DE VERNEUIL.

Que fait-il?

ALFRED.

Ce roman-là n'aura pas de deuxième édition.

AUGUSTE.

Si je ne croyais pas impossible de détruire l'impression fâcheuse qu'une telle lecture a dû laisser dans votre âme, que d'efforts ne tenterais-je pas pour obtenir mon pardon!

ALFRED.

Quelle chaleur!

AUGUSTE.

Mais vous ne voudrez pas m'entendre.

MADAME DE VERNEUIL, *avec un sourire.*

Les femmes sont si bonnes!... Voyons, monsieur, que diriez-vous?

ALFRED, *à part.*

Voilà un pardon qui ne se fera pas attendre.

AUGUSTE.

Tout à l'heure, resté seul... j'espérais redevenir ce que j'étais avant de vous avoir vue... mais en écrivant je n'ai plus trouvé cette verve qui m'entraînait... Ah! le même sentiment ne m'inspirait plus... Mon cœur seul dictait alors... et c'est à vous qu'il parlait...

MADAME DE VERNEUIL.

A moi? (*A part.*) Ah! mon dieu! si Élodie allait venir!..

(On entend la cloche du déjeûner.)

TOUS LES TROIS.

Ah!

ALFRED, *à part.*

C'est la cloche du déjeuner... portons le dernier coup au cœur de mon philosophe.

MADAME DE VERNEUIL, *souriant.*

On vient... Vous me lirez plus tard ce que votre cœur a dicté.

ALFRED.

Belle dame... pardonnez-moi si j'interromps une conversation bien intéressante, sans doute; mais le déjeuner nous attend...

MADAME DE VERNEUIL, *à part.*

Quel dommage!... J'aurais été curieuse de savoir...

ALFRED, *bas à Auguste.*

Comme tu parais ému... tu lui parlais de moi, n'est-pas?

AUGUSTE.

Mais...

ALFRED.

C'est fort bien... Allons, décidément tu as plus de caractère que je ne croyais.... j'arrangerai tout cela.... (*Haut.*) Ma chère cousine, voulez-vous bien accepter mon bras?...

JEAN, *accourant.*

Pardon, excuse; madame, je viens vous annoncer un grand malheur.... Vos chevaux ont tous perdu leurs fers, et y a pas moyen de les mettre sur pieds.

ALFRED.

Comment! ma chère cousine, vous voulez nous quitter?..

MADAME DE VERNEUIL.

Oui, je craignais de... mais j'aurai besoin pour quelques temps d'une généreuse hospitalité... Eh puis... après tout, rien ne m'oblige à partir... aujourd'hui même...

AUGUSTE.

Quel regard!

ALFRED, *bas.*

D'autant mieux, ma chère cousine, qu'il faut absolument que je vous parle.

MADAME DE VERNEUIL.

A moi!...

ALFRED.

Oui, à vous, et à vous seule.

MADAME DE VERNEUIL.

J'y consens.

ALFRED.

Auguste, nous ne nous mettrons à table qu'à deux heures et demie.

AUGUSTE.

Oh! je n'y manquerai pas.

MADAME DE VERNEUIL, *à part.*

Que je suis contente de n'être pas partie tout de suite.

SCÈNE XVII.

AUGUSTE, JEAN.

AUGUSTE.

Allons, c'est fini...... au diable une honte ridicule...... J'avais tort.... oui.... j'avais tort.... je sens là qu'elle est adorable... et que je l'adore.

JEAN, *accourant.*

Vous adorez!... qui, monsieur?

AUGUSTE.

Madame de Verneuil!

JEAN.

Parole d'honneur?

AUGUSTE.

Parole d'honneur!

JEAN.

Ah! v'la donc le glaçon fondu!

AUGUSTE.

Oui, mon ami... Je suis amoureux... et je me marie...

JEAN.

Ah! monsieur... Si vous saviez... Dieu de dieu! comme ça m'monte à la tête.... J'en deviendrai fou... J'vas me marier... Victoire! victoire!

(Il jette son bonnet en l'air, et saute de toutes ses forces.)

SCÈNE XIII.

Les Mêmes, ÉLODIE.

ÉLODIE.

Ah! bon dieu! quel tapage!

JEAN.

Ah! v'là ma passion... Ah! mademoiselle, que je vous embrasse.

ÉLODIE.

Eh bien! qu'est-ce que vous faites?

JEAN.

Ça m'est égal... Je suis libéré... j'peux me marier... Je vous embrasserai une fois, deux fois, trois fois, tant que je voudrai... Monsieur, je vous présente mon épouse.

ÉLODIE.

Mais je n'ai pas consenti.....

JEAN.

C'est égal... Vous n'avez rien dit, ça revient au même... Ah! que je suis content!... Aujourd'hui la demande en mariage, dimanche la publication des bans... Après ça la visite chez M. le maire... Et puis la noce, la noce!.. Ah! si j'avais su ça, j'aurais pas déjeûné... C'est drôle le bonheur, ça étouffe comme un pâté... Mais c'est égal, ça passera tout de même. Victoire! victoire!

AUGUSTE.

Allons, allons, calme-toi... Et vous, ma chère amie, si vous avez quelque empire sur le cœur de votre maîtresse, aidez-moi à m'en faire aimer, et je me charge de la dot des deux époux.

JEAN.

Ah! oui; au fait, la dot, j'y pensais pas. C'est bon tout de même la dot... Faut penser aux petits Jean, quand ils viendront... Et il en viendra; j'en suis bien sûr.

ÉLODIE, *à Auguste.*

Monsieur, vous pouvez compter sur moi.

JEAN.

Pour les petits Jean?.. Ah! c'est pour... Monsieur, je suis sûr qu'on vous aime... La preuve, c'est qu'on vient vous chercher... V'là madame de Verneuil elle-même, en personne, avec M. vot' frère... Elle rit, c'est bon signe... Ah! quelle noce! quelle noce nous allons faire!

SCÈNE XIX ET DERNIÈRE.

LES MÊMES, ALFRED, MAD. DE VERNEUIL.

ALFRED, *bas à madame de Verneuil.*

Madame, n'oubliez pas ce que vous m'avez promis... Vengeons-nous un peu d'abord... Puis vous pardonnerez aprés.

MADAME DE VERNEUIL.

Je n'ai rien à vous refuser.

AUGUSTE, *courant à Alfred.*

Mon ami... j'allais te rejoindre au salon. J'ai à te dire...

ALFRED.

Et moi j'ai à te remercier. Diable! mon cher, tu devrais te faire avocat; tu plaides comme un ange... Ma cause était bien mauvaise, et pourtant tu as su la gagner auprès de madame.

AUGUSTE.

Que veux-tu dire?

JEAN.

J'y comprends rien, mais c'est égal. J'vas me marier.

ÉLODIE.

Mais écoutez donc.

AUGUSTE.

Je ne te comprends pas.

ALFRED.

Persistant dans ton beau projet de célibat, tu n'as pas, je le vois, oublié tes promesses... Tu as si bien parlé, qu'on a consenti, et je te présente madame de Vermont.

AUGUSTE.

O ciel !... quoi !... madame...

MADAME DE VERNEUIL.

Je n'ai pu résister aux prières de votre frère.... et j'accepte le nom qu'il a bien voulu m'offrir.

AUGUSTE.

Ah! les cruels! comme ils se vengent !

JEAN.

Eh ben! qué que ça veut dire ?

AUGUSTE.

Je devine tout, mon ami ; tu as profité de mon sot aveuglement... tu deviens l'époux d'une femme charmante...

JEAN.

Eh ! ben... quoi ? y sont donc trois aussi ?...

AUGUSTE.

Tu m'as puni plus que tu ne penses...

MADAME DE VERNEUIL, *bas.*

Il me fait de la peine !

ALFRED, *bas.*

Tenons ferme... il n'a encore rien avoué.

JEAN.

Ah ! mon dieu ! on dirait que ça se rembrouille.

AUGUSTE.

Je veux que tu saches jusqu'à quel point je suis malheureux; je veux te forcer à me plaindre. Apprends que j'aime, j'adore ta femme.

ALFRED, *a part.*

Allons donc !

JEAN.

Sa femme ! Comment sa femme ?...

AUGUSTE.

Après un tel aveu, je connais mon devoir, et je quitte cette maison pour n'y plus rentrer.

JEAN, *enfonçant son chapeau.*

Et moi aussi...

MADAME DE VERNEUIL.

Monsieur Auguste, n'attendrez-vous pas pour partir le mariage de ce pauvre Jean ?

JEAN.

Il est loin mon mariage...

MADAME DE VERNEUIL, *en souriant.*

Ne doit-il pas se faire le même jour que le vôtre ?....

AUGUSTE, *tombant à ses genoux.*

Qu'entends-je ? Ah! madame... ma chère cousine!...

MADAME DE VERNEUIL.

Pardonnez-moi, mon cher Alfred, de n'avoir pas plus long-temps gardé le silence.... mais, tenez, cette vengeance vaut bien la vôtre.

ALFRED, *en riant.*

Avoue que tu as eu bien peur ?

JEAN.

Et moi donc ?

AUGUSTE.

Ah ! je crois que je serais mort le jour de ton mariage.

MADAME DE VERNEUIL, *à Auguste.*

Eh ! bien, mon ami, nous avions tort tous les deux... On n'aime pas qu'une fois.

ALFRED.

Ce soir, je présenterai donc à mes amis Monsieur et Madame de Vermont ?

JEAN.

Et moi, Monsieur et Madame Jean.

FIN.

www.ingramcontent.com/pod-product-compliance
Ingram Content Group UK Ltd.
Pitfield, Milton Keynes, MK11 3LW, UK
UKHW020519180726
13839UKWH00005B/2177

9 782329 448275